Vente après décès de M. V****

Officier de marine qui les tenait de Mr Lyon, officier de marine

CATALOGUE

DE

DESSINS, EAUX-FORTES

COMPOSANT L'ŒUVRE

DE

Charles MÉRYON

DONT LA VENTE AURA LIEU

HOTEL DROUOT, SALLE N° 8

Le Samedi 4 Novembre 1899, à 2 heures

PAR LE MINISTÈRE DE

Me LÉON BANCELIN | **Me ANDRÉ DE CAGNY**
COMMISSAIRE-PRISEUR | COMMISSAIRE-PRISEUR
Rue Grange-Batelière, 18 | Rue Le Peletier, 24

Assistés de **M. JEAN-FONTAINE**, Libraire
boulevard Haussmann, 30

CHEZ LESQUELS SE TROUVE LE PRÉSENT CATALOGUE

PARIS — 1899

EXEMPLAIRE D'ALFRED BEURDELEY

CONDITIONS DE LA VENTE

—

Les acquéreurs paieront CINQ POUR CENT en supplément de prix d'adjudication.

Vu la nature de la vente, il ne sera admis, de la part des acquéreurs, aucune réclamation une fois l'adjudication prononcée.

Les lots adjugés devront être collationnés sur place et ne seront repris pour quelque cause que ce soit.

MAULDE, DOUMENC et Cie, imp. de la Cie des Commissaires-Priseurs, rue de Rivoli 144. 5oo—8460⁶

ŒUVRE

DE

CHARLES MÉRYON

Collection de pièces à **toutes marges,** en superbe état, pour le classement, catalogue de *l'OEuvre de Charles Méryon,* par Ph. Burty; traduit en anglais par M. Marcus B. Huish. Londres, 1879, gr. in-8.

AUTOGRAPHES

1 — Deux Lettres autographes adressées à M. Dausse, au sujet du mariage de ses filles.

DESSINS

2 — Rencontre (*Souvenir des campagnes du* Rhin). Des sauvages montant un proh aperçoivent un navire à l'horizon.

Dessin au crayon

3 — Son portrait, par BRACQUEMONT. Il est représenté assis sur une chaise.

4 — Son portrait. Il est représenté assis sur un lit; gravé par FLAMENG.

> Très belle épreuve sur papier du Japon.

5 — Le Pavillon de Mademoiselle et une partie du Louvre, à Paris; d'après ZEEMAN.

> Très belle épreuve sur papier gris.

6 — La même estampe.

> Épreuve sur blanc.

7 — Entrée du faubourg St-Marceau, à Paris (9).

8 — Moulin à eau, près de Saint-Denis (10).

9 — La rivière de Seine à l'angle du Mail, à Paris (11).

> Épreuve avant les signatures.

10 — La rivière de Seine et le promontoire de Marly.

11 — Galiot de Jean de Wytt, de Rotterdam (12).

Bateau de Harlem à Amsterdam (13).

> Double marge légèrement tachée.

Pêcheurs de la mer du Sud (14).

> Double.

De Calais à Flessingue (15).

12 — La Salle des Pas-Perdus, d'après Ducerceau (17).

> Belle épreuve avec l'adresse de Delatre.

13 — Chenonceau (18).

> Très belle épreuve sur papier d'Auvergne.

14 — Le Pont-Neuf et la Samaritaine, au-dessous de la première arche du Pont-au-Change. d'après un dessin de Nicolle (19).

> Très belle épreuve sur papier gris.

15 — Plan du combat de Sinope (21).

> Belle épreuve coloriée.

16 — San Francesco, MDCCCLV (22).

> Très belle épreuve.

17 — Tourelle, dite de Marat (22).

> Très belle épreuve avec des figures symboliques dans le ciel.

18 — Tourelle rue de l'École-de-Médecine (22). *(Gazette des Beaux-Arts)*.

19 — Rue Piroucfte, aux Halles (1860) (24).

20 — Présentation au roi Louis XI du *Valère Maxime*, imprimé à Paris vers 1475 (25).

> Belle épreuve.

21 — Chevet de Saint-Martin-sur-Renelle, église paroissiale supprimée en 1791 (26).

22 — Passerelle du Pont-au-Change, après
l'incendie de 1621 *(Gazette des Beaux-Arts)*
(27).

23 — Partie de la cité de Paris, vers la fin du
xviie siècle, sur la rive gauche de la Seine (28).

24 — Le Grand-Châtelet, à Paris, d'après un dessin
xécuté en 1780 (29).

25 — Eaux-fortes sur Paris, par C. MÉRYON,
MDCCCLII, in-fol. (31).

> Couverture de la suite des planches sur Paris, avec
> un envoi de Ch. MÉRYON à M. LYON, lieutenant de
> vaisseau.

26 — Double (sans envoi) (31).

27 — A. Reinier, dit Zeeman, peintre et eau-
fortier (32).

28 — Ancienne porte du Palais de Justice (33).

29 — Armes symboliques de la ville de Paris (35).
> Très belle épreuve sur papier de Chine.

30 — Le Stryge (37).

> Superbe épreuve tirée sur papier verdâtre, avec le
> nom, la date, l'adresse de l'imprimeur et, au-dessous,
> deux vers écrits en caractères gothiques.

31 — Le Petit-Pont (38).
> Très belle épreuve tirée sur papier verdâtre, avant la
> lettre, les initiales C. M. au coin du haut à droite.

32 — L'arche du pont Notre-Dame (1850) (39).

Très belle épreuve sur papier verdâtre avant la lettre et le numéro, et avec le nom et l'adresse de MÉRYON.

33 — La Galerie Notre-Dame (40).

Superbe épreuve sur papier verdâtre, avant la lettre, avec le nom de MÉRYON et l'adresse de l'imprimeur.

34 — La rue des Mauvais-Garçons (41).

Très belle épreuve.

35 — La Tour de l'Horloge (42).

Superbe épreuve sur papier verdâtre, avec les initiales C. M. dans le haut de la planche à droite, avec un trait dans le milieu de la marge du bas, avant la bordure.

36 — Tourelle de la rue de la Tixeranderie, démolie en 1851 (43).

Superbe épreuve sur papier verdâtre, avec les initiales C. M. dans le haut de la planche à droite et avant l'adresse de DELATRE.

37 — La Pompe Notre-Dame (1852) (45).

Très belle épreuve sur papier verdâtre, du 1er état, avec le nom et l'adresse de l'imprimeur et les travaux à la pointe sèche dans le ciel.

37 *bis* — Saint-Étienne-du-Mont (44).

Très belle épreuve sur papier verdâtre, avec les initiales C. M. dans le haut de la planche à droite (1er état).

38 — La petite Pompe (46).

Très belle épreuve.

39 — Le Pont-Neuf (47).

> Très belle épreuve sur papier verdâtre, avec les vers, le nom de MÉRYON, l'adresse de l'imprimeur et la cheminée de la Monnaie.

40 — La même estampe (47).

> Belle épreuve, les vers ont été effacés.

41 — Le Pont-au-Change (48).

> Superbe épreuve avec *C. Méryon, del. sculpt.*, MDCCCLIIII ; à droite le nom de l'imprimeur ; dans les nuages, un ballon avec le mot « *Speranza* ».

42 — La Morgue (50).

> Belle épreuve avant la lettre, avec le nom de MÉRYON et l'adresse de l'imprimeur.

43 — L'Abside de Notre-Dame (52).

> Très belle épreuve avec le nom de MÉRYON et l'adresse de l'imprimeur.
> Sur papier mince.

44 — Le Tombeau de Molière (53).

> Très belle épreuve à toutes marges.

45 — La même estampe (53).

> Épreuve rognée sur papier mince.

46 — Adresse de Rochoux (54).

> Belle épreuve imprimée en deux tons, avec l'adresse de DELATRE.

47 — Rue des Chantres, Paris, MDCCCLXII (56).

48 — Rue des Toiles, à Bourges (58).

Avec le titre et avant l'adresse de DELATRE.

49 — Ancienne habitation à Bourges (59).

Très belle épreuve sur papier de Chine.

50 — Voyage de la corvette *le Rhin*.

1. Titre pour le voyage à la Nouvelle-Zélande (67)
Épreuve sur papier de couleur.

2. Nouvelle-Zélande. Greniers indigènes et habitations à Akaroa (presqu'île de Banks), 1845 (63).

2 *bis*. Épreuve avant la lettre et avant le ciel.

3. Grande case indigène sur le chemin de Ballorde à Poepo (1845) (64).
Épreuve sur papier de Chine.

4. Ilots à Uvea Wallis; pêche aux Palmes (1845) (65).

4 *bis*. Épreuve avant la lettre sur papier de Chine.

5. Presqu'île de Banks (1845). Pointe dite des Charbonniers, à Akaroa; pêche à La Senne (66).

5 *bis*. La même estampe.

6. État de la petite colonie française à Akaroa, vers 1845 (68).

7. La Chaumière du Soldat, vieux colon, à Akaroa.

8. Proh volant des îles Mulgraves (Océanie) (69).

51 — A Monsieur Eugène Blery, vers (71).

52 — La Loi lunaire (72-73).

Deux pièces, dont l'une tirée en plusieurs tons.

La Loi solaire (73).

Pièce tirée en deux tons.

53 — Projet d'encadrement pour le portrait de
M. Gueraud (79).

> Belle épreuve, avant le tirage du portrait.

54 — Rébus : Ci-gît la vendetta surannée (77).

55 — Rébus : Chants rustiques et maritimes (1863).

56 — Le Ministère de la Marine (82).

> Belle épreuve avant la lettre, avec le monogramme.

57 — Collège Henri IV (83).

58 — Bain froid Chevrier, dit de l'École (84).

59 — Portrait de M. Casimir Lecomte (88).

> Très belle épreuve imprimée sur vélin.

60 — Pierre Nivelle, évêque de Luçon, né à
Troyes, en 1584, mort à Luçon le 10 février
1660 (91).

> Très belle épreuve.

61 — Théodore-Agrippa d'Aubigné, d'après une
lithographie.

> Très belle épreuve avant toute lettre.

Collection Vernhes

Dessins, Eaux-Fortes
composant l'œuvre
de Ch. Meryon

1879

1 felch. mi 12

37 [illegible]
3 [illegible]
6 [illegible]
10 [illegible]
21 [illegible]
25 [illegible]
29 [illegible]
46 [illegible]
52 [illegible]
54 [illegible]
61 [illegible]

IMPRIMERIE MAULDE ET RENOU

MAULDE, DOUMENC & Cie

IMPRIMEURS DE LA COMPAGNIE DES COMMISSAIRES-PRISEURS

Rue de Rivoli, 144. — Paris